A PORTA

Margaret Atwood

A PORTA

Tradução
Adriana Lisboa

Título original
THE DOOR

Copyright © 2007 *by* O. W. Toad Ltd.
Todos os direitos reservados.

Para o uso de qualquer trecho desta obra,
é necessária a autorização, por escrito, do editor.

É PROIBIDA A VENDA EM PORTUGAL.

Direitos para a língua portuguesa reservados
com exclusividade para o Brasil à
EDITORA ROCCO LTDA.
Av. Presidente Wilson, 231 – 8º andar
20030-021 – Rio de Janeiro – RJ
Tel.: (21) 3525-2000 – Fax: (21) 3525-2001
rocco@rocco.com.br
www.rocco.com.br

Printed in Brazil/Impresso no Brasil

CIP-Brasil. Catalogação na fonte.
Sindicato Nacional dos Editores de Livros, RJ.

A899p   Atwood, Margaret, 1939-
          A porta/Margaret Atwood; tradução de
      Adriana Lisboa. – Rio de Janeiro: Rocco, 2013.
      14 x 21 cm

       Tradução de: The door.
       ISBN 978-85-325-2807-0

       1. Poesia canadense. I. Lisboa, Adriana, 1970-
II. Título.

                                         CDD–819.1
12-7461   CDU–821(71)

PARA MINHA FAMÍLIA

SUMÁRIO

PARTE 1

Gasolina	11
Europa a $5 por dia	12
Ano da galinha	13
Ao ressuscitar a casa de bonecas	15
Blackie na Antártida	17
De luto pelos gatos	19
Janeiro	21
Borboleta	22
Minha mãe definha...	24
Grilos	26

PARTE 2

O poeta voltou...	31
Coração	32
Seus filhos cortaram as mãos...	33
Sóror Juana trabalha no jardim	34
Coruja e gato, alguns anos mais tarde	36
Os poetas aguentam firme	42
Leitura de poesia	45
Uma mulher pobre aprende a escrever	48
O cantor das corujas	50

PARTE 3

Noticiário das dez	53
O tempo	54
É outono	56
Lamento de urso	58
Palácio de gelo	60
Sigilo	62
O último homem racional	63

PARTE 3

Camiseta branca de algodão 65
Foto de guerra 67
Foto de guerra 2 69
A ninguém importa quem ganha 71
O vale dos hereges 73
Santa Joana D'Arc num cartão-postal 75
A criança ferida 77
Eles fornecem provas 80

PARTE 4

Basta desse desânimo 85
Atividades possíveis 87
Interrogar os mortos 89
A natureza do gótico 91
A linha: cinco variações 93
Mais uma visita ao oráculo 97

PARTE 5

Canção do barco 107
Zelosa 109
Rabo de corda 111
Roubar a copa do beija-flor 113
Um dia você chegará... 115
Terra revolta 116
Líquen das renas no granito 117
A terceira idade visita o Ártico 118
Você ouviu o homem que ama 120
Em Brute Point 121
A porta 123

Agradecimentos 126

PARTE 1

GASOLINA

Tremendo sob o quase chuvisco
na popa de madeira,
o nariz por cima da amurada,
eu a observava pingar e se espalhar
sobre a água opaca:

o mais esplêndido em tempos de guerra,
um arco-íris lustroso,
efêmero como asas de inseto,
verde, azul, vermelho e rosa,
meu trêmulo show de imagens particular.

Era esse o meu melhor brinquedo, então?
Essa mancha tóxica, esse transbordamento
de uma lata surrada de gasolina cheia
da essência do perigo?

Eu sabia que era veneno,
sua beleza uma ilusão:
eu sabia escrever *inflamável*.

Mas ainda assim adorava o cheiro:
tão estranho, um sopro
da matéria das estrelas.

Teria gostado de bebê-lo,
inalar sua iridescência.
Como se pudesse.
Era assim que os deuses viviam: *como se.*

EUROPA A $5 POR DIA

Aurora. Os lençóis esgarçados
estão sendo limpos. A cidade é antiga,
mas nova para mim, e portanto
estranha, e portanto fresca.
Tudo é límpido, mas uniforme –
até mesmo os olhos sombrios do oculista,
até mesmo os do açougueiro, com seu cavalo pintado,
suas bandejas de entranhas aguadas
e nacos de carne escurecendo.

Ando ao acaso,
o mesmo olhar sobre todas as coisas.
Trago tudo que possuo nesta bolsa.

Extirpei-me.
Posso sentir o lugar
ao qual antes me prendia.
Está em carne viva, como quando ralamos
o dedo. É uma esfarrapada mistura
de imagens. Dói.
Mas onde exatamente em mim
está esse caule arrancado?
Ora aqui, ora ali.

Enquanto isso, a outra garota,
a que traz a memória,
chega cada vez mais perto.
Está quase me alcançando,
e arrasta consigo, feito fumaça vermelha,
a corda que compartilhamos.

ANO DA GALINHA

Este é o ano de classificar,
de jogar fora, de devolver,
de peneirar os amontoados, as pilhas,
os detritos, as dunas, os sedimentos,

ou, dito com menos poesia, as prateleiras, os baús,
os armários, caixas, cantos
no sótão, nos esconderijos e guarda-louças –

o lixo, em outras palavras,
que foi soprado lá para dentro, ou então guardado,
ou então trazido com a maré, ou atirado
no meu caminho por ondas despercebidas.

Por exemplo: duas camadas espessas
de potes de vidro que outrora continham geleia
preparada naqueles evaporados
verões; um monte frugal
de sacos de plástico; um guarda-chuva marrom rachado
tão estimado quando novo;

uma caixa de chocolate com tocos de creiom
guardados para crianças-fantasma;
sapatos com as marcas encardidas
dos dedos que outrora foram meus.
Fotos de garotos cujos nomes se perderam
(posando tão elegantes diante de carros
com detalhes cromados), muitos deles
já mortos, os outros velhos –

tudo manchado e desbotado, amontoado
como – digamos – esta tigela
de pedrinhas diversas catadas
tantas vezes na praia, agora
gastas ou perdidas, mas um dia recolhidas
e manuseadas por sua beleza,
e guardadas no bolso como lembranças puras
de algum dia outrora indelével.

AO RESSUSCITAR A CASA DE BONECAS

Ao ressuscitar a casa de bonecas
que esteve dormente por quinze anos,
deixada para trás por seu dono,
desenfaixamos a mobília embrulhada,
acordamos a família:
mãe e pai; um menino e uma menina
com roupa de marinheiro; um bebê todo enfeitado;
avó e avô,
o cabelo branco empoeirado –
tudo como deveria ser,
exceto por um pequenino pai extra
com graciosas polainas e um bigode:
talvez um tio perverso
que vai se mover furtivo por ali à noite
e molestar as crianças.

Não – façamos dele um homem bom!
Talvez um mordomo, ou cozinheiro.
É ele quem pode trabalhar vagaroso
sobre o fogão de ferro de verdade, com tampas,
despejar água no banho,
servir as refeições duvidosas
feitas de Fimo assado:
a horrível omelete, as almôndegas,
o bolo, torto e roxo.

Agora imagine a casa toda arrumada,
como costumava ficar:
o pai cochilando na cadeira de balanço,

jornal pequenino na mão,
a mãe inclinada sobre o tricô,
as agulhas do tamanho de suas pernas,
os avós num sono profundo na melhor cama,
o mordomo contando ovos e maçãs,
as crianças ao minúsculo piano.

Recue: agora é um lar.
Brilha por dentro.
O capacho dá as boas-vindas dizendo *Bem-vindo*.
Ainda assim, nos deixa ansiosos —
ansiedades do ninho.
Como podemos mantê-lo a salvo?
Há tanto o que defender.
Pode haver doenças, ou gritos,
ou uma tartaruga morta.
Pode haver pesadelos.
Sorte se for só a torrada
a pegar fogo.

Madelaine tem só três anos
mas já sabe
que o bebê é grande demais para o carrinho.
Por mais que o aperte ali dentro,
um dia, quando deveria estar dormindo,
ele deslizará por um intervalo em sua memória
e irá embora.

BLACKIE NA ANTÁRTIDA

Minha irmã telefona, interurbano:
Blackie foi sacrificado.
Doença incurável. Debilitação e sofrimento.
Tristeza geral.
Achei que você ia querer enterrá-lo,
diz ela, às lágrimas.
Então o embrulhei em seda vermelha
e o coloquei no congelador.

Ó Blackie, esse teu nome dado
sem rodeios ou artifício por menininhas,
gato preto pulando de telhado em telhado
com touca e avental de boneca,
Ó ídolo matreiro de rosto peludo
que resistiu a adoração e maus-tratos,
com frequência sem arranhar,
Ó tu que uivavas contumaz
para a lua, tortuoso enjeitado,
astrólogo neurótico
que previa o desastre
criando-o,

Ó companheiro fiel da meia-noite
que tens a cor da meia-noite,
Ó tu que te apossavas dos travesseiros,
com teu bafo de fígado cru,
onde estás agora?

Ao lado do hambúrguer congelado
e das asas de frango: um paraíso
para os carnívoros. Jazendo em seda vermelha
e pompa, como o Faraó
num templo metálico branco, ou
um explorador de ossos finos
da Antártida numa parca gélida,
alguém que não escapou. Ou
(vamos encarar os fatos) um pacote
de peixe. Espero que ninguém
a caminho do jantar
desembrulhe a ti por engano.

Que afronta, ser equiparado
à carne! Como os gatos, odiavas
ser ridículo. Tinhas fome
de justiça, em horas fixas e sob a forma
de fatias de carne assada
com molho.
Querias o que
estivesse no teu caminho.
   (A morte
é, contudo. Ridícula. E está no seu caminho.
No nosso também.
Justiça, eis o que vamos nos tornar.
E então há a piedade.)

DE LUTO PELOS GATOS

Ficamos sentimentais demais
com os animais mortos.
Tornamo-nos piegas.
Mas só com os que têm pelo,
só com os que se parecem conosco,
ao menos um pouco.

Aqueles com olhos grandes,
olhos voltados para a frente.
Aqueles com focinhos pequenos
ou bicos modestos.

Ninguém pranteia uma aranha.
Nem um caranguejo.
Minhocas não ganham lamentos.
Peixes tampouco.
Bebês-foca chegam lá,
e cachorros, e às vezes corujas.
Gatos quase sempre.

Pensamos que são como crianças mortas?
Pensamos que são parte de nós,
a alma animal
guardada em algum lugar perto do coração,
felpuda e confiante,
e vital e à caça da presa,
e brutal para com outras formas de vida,
e feliz na maioria das vezes,
e também burra?

(Por que quase sempre gatos? Por que gatos mortos
trazem à tona lágrimas tão ridículas?
Por que tão profundo pesar?
Porque já não conseguimos
enxergar no escuro sem eles?
Porque sentimos frio
sem seu pelo? Porque perdemos
nossa segunda pele oculta,
aquela que vestíamos
quando queríamos nos divertir,
quando queríamos matar
sem pensar duas vezes,
quando queríamos pôr de lado o peso enorme e tedioso
de ser humanos?)

JANEIRO

Aroma penetrante de narcisos brancos:
Janeiro, neve plena.
Tão frio que os canos congelam.
Os degraus da frente estão escorregadios e traiçoeiros;
à noite a casa estala.

Você entrava e saía quando queria,
mas a essa época do ano ficava em casa,
enroscado em sua mortalha de pelo,
sonhando com a luz do sol,
sonhando com pardais assassinados,
gato negro que já não está mais aqui.

Se apenas conseguisse achar seu caminho
desde o rio de flores geladas,
a floresta do nada para comer,
de volta pela janela de gelo,
de volta pela porta trancada de ar.

BORBOLETA

Meu pai, há noventa anos,
quando tinha seus – suponho – dez,
andava cinco quilômetros pela floresta
a caminho da escola

junto aos carriços e à margem úmida
do transbordante rio cor de turfa, orlado de juncos
e repleto de enguias,
deixando uma trilha de mosquinhas nervosas,
suas mãos já largas e hábeis
na ponta de suas mangas puídas.

Ao longo desse caminho ele reparava
em tudo: cogumelos e excrementos, flores silvestres,
caramujos e íris, musgos, samambaias e pinhas.

Devia ser um infinito
inspirar: entre
o desejo de saber e a necessidade de louvar
não havia costura.

Um dia ele viu um tronco encharcado flutuando
pesado correnteza abaixo,
e nele uma borboleta, azul como olhos.
Foi o momento (ouvi mais tarde)
que o projetou em sua tangente

até o mundo obscuro
de microscópios e números,
alfinetes na lapela, carros e perambulações,

para longe dos quinze quilômetros quadrados
de arbustos desmatados
que ele nunca chamou de pobreza
e do rio marrom e serpeante
a que ele sempre esteve de algum modo, depois disso,
tentando em vão regressar.

MINHA MÃE DEFINHA...

Minha mãe definha, definha
e continua viva.
Seu coração forte a impulsiona
com a imprudência de um motor
uma noite após a outra.
Todos dizem *Isto não pode continuar,*
mas continua.
É como observar alguém se afogando.

Se ela fosse um barco, diríamos
que a lua brilha através de suas costelas
e ninguém maneja o leme,
mas não se pode dizer que esteja à deriva;
há alguém ali.
Seus olhos cegos iluminam-lhe o caminho.

Lá fora, em seu jardim abandonado,
o mato cresce de modo quase audível:
erva-moura, vara-de-ouro, cardo.
Todas as vezes que os arranco
uma nova onda começa a brotar,
subindo rumo à sua janela.
Demolem a parede de tijolos lentamente,

ocultam bordas e caminho,
borrando seus contornos.
Sua antiga ordem de palavras
desaba sobre si mesma.

Hoje, após semanas de silêncio,
ela compôs uma frase:
Acho que não.

Seguro sua mão, sussurro,
Olá, olá.
Se eu dissesse *Adeus* em vez disso,
se eu dissesse, *Entregue-se,*
o que ela faria?

Mas não posso dizê-lo.
Prometi que iria até o fim,
o que quer que isso signifique.
O que posso dizer a ela?
Estou aqui.
Estou aqui.

GRILOS

Setembro. Áster silvestre. Uvas rosadas,
pequeninas e amargas,
o gosto de índigo do inverno
já floresce dentro delas.

A casa é invadida por grilos,
entraram em busca do calor.
Esgueiram-se para dentro do forno
e para trás da geladeira,
armam investidas pelo chão
cantando uns para os outros:
Aqui, aqui, aqui, aqui.
Pisamos neles por engano,
apanhamo-los, às dúzias,
dúzias de consciências negras contorcendo-se,
e jogamos porta afora.

Eles não têm o que comer,
não conosco. Não há mais colheitas ou celeiros,
só mesas e cadeiras.
Ficamos afluentes demais.
Dentro de casa, morreriam de fome.
Espere, espere, espere, espere, dizem. Temem
morrer congelados. Sob a vassoura
sua armadura negra estala.

A formiga e o gafanhoto têm
seu lugar em nossos bestiários:
a primeira acumula riquezas, o segundo

gasta. Ficamos no meio do caminho, aprovamos
a formiga (cabeça), adoramos
o (coração) gafanhoto,
emulamos a ambos: por que escolher?
Armazenamos e vadiamos.

Quanto aos grilos, foram
censurados. Não temos
grilos em nossas lareiras. Não temos lareiras.

Ainda assim, eles nos acordam
à fria meia-noite,
pequenas vozes tímidas que não podemos localizar,
pequenos relógios tiquetaqueando,
relógios baratos; pequenas lembranças de metal:
tarde, tarde, tarde, tarde,
em algum lugar em meio aos lençóis,
nas molas das camas, no ouvido,
as hordas dos mortos de fome
voltam como as batidas de nossos corações.

PARTE 2

O POETA VOLTOU...

O poeta voltou a ser poeta
depois de décadas sendo, em vez disso, virtuoso.

Não é possível ser ambos?
Não. Não em público.

Era possível, outrora,
quando Deus ainda trovejava vingança

e gostava do cheiro de sangue,
e não tinha tempo para o escorregadio perdão.

Você podia, então, espalhar incenso e louvor,
e usar seu colar de cobra,

e cantar hinos aos crânios esmagados de seus inimigos
num coro devoto.

Nada de sorrisos deferentes, nada de assar biscoitos,
nada de *sou uma pessoa muito bacana*.

Bem-vindo de volta, meu caro.
É hora de retomar nossa vigília,

hora de destrancar o porão,
hora de lembrar a nós mesmos

que o deus dos poetas tem duas mãos:
a destra, a sinistra.

CORAÇÃO

Algumas pessoas vendem o sangue. Você vende o coração.
Era isso ou a alma.
O difícil é tirar a porcaria lá de dentro.
Uma espécie de torção, como tirar da concha uma ostra,
sua coluna um punho,
e então, upa! ei-lo em sua boca.
Você se vira parcialmente do avesso
como uma anêmona do mar tossindo uma pedra.
Há um chape curto, o ruído alto
de entranhas de peixe caindo num balde,
e lá está ele, um imenso coágulo brilhante vermelho-escuro
do passado ainda vivo, inteiro no prato.

Passam-no ao redor. É escorregadio. Derrubam-no,
mas também o experimentam. Áspero demais, um diz.
                        [Salgado demais.
Azedo demais, diz outro, fazendo careta.
Cada um é um gourmet momentâneo,
e você fica ali ouvindo tudo isso
no canto, como um garçom recém-contratado,
a mão reservada e competente na ferida escondida
no fundo da camisa e do peito,
timidamente, sem coração.

SEUS FILHOS CORTARAM AS MÃOS...

Seus filhos cortaram as mãos no vidro
ao tentar alcançar através do espelho
o lugar onde a pessoa amada se escondia.

Você não esperava isso:
achou que desejavam felicidade,
não laceração.

Pensou que a felicidade
surgiria de modo simples, sem esforço
ou qualquer tipo de trabalho,

como o canto de um pássaro
ou uma flor à beira de caminho
ou um cardume de peixes prateados

mas agora eles se cortaram
no amor, e choram em segredo,
e suas próprias mãos ficam dormentes

porque você percebe sua impotência,
porque faltou a advertência
porque não achou

que era preciso adverti-los
e agora há todo esse vidro quebrado
e seus filhos estão com as mãos vermelhas

agarrando-se ainda a luas e ecos
e vazio e sombras,
como você fazia.

SÓROR JUANA TRABALHA NO JARDIM

Época de jardinagem outra vez; de poesia; de braços
até os cotovelos num dilúvio
de refugos, mãos na terra, tateando
em meio a pequenas raízes, bulbos, bolas de gude
                              [perdidas, cegos
focinhos de minhocas, fezes de gatos, seus próprios
                                      [futuros
ossos, o que quer que esteja ali embaixo
eletrizado, um suave lampejo na escuridão.
Quando você para sobre a terra com os pés descalços
e o relâmpago a atravessa, nos dois sentidos
ao mesmo tempo, dizem que foi aterrada,
e a poesia é isso: ligação direta.
Daria no mesmo enfiar um garfo
numa tomada. Então não pense que se trata só de flores.
Embora se trate, num certo sentido.
Você passou a manhã entre as parasitas
perenes, as peônias encapelando-se,
os lírios crescendo e prontos para arrebentar,
as folhas das dedaleiras reluzindo como cobre
batido, a estática chiando entre as aquilégias pontiagudas.
Tesoura, portentosa pá, o carrinho de mão
amarelo e inerte, as folhas de grama
sussurrando como íons. Achou que isso não ia
dar em alguma coisa? Devia ter usado luvas
de borracha. Trovões brotando na ponta dos tremoceiros,
seus grumos e correntes ascendentes, pólen e ressurreição
desdobrando-se em cada inquieto ninho
de pétalas. Seus braços zumbem, os pelos

estão eriçados ali; basta um toque e o golpe virá.
É tarde demais agora, a terra se abre,
os mortos se erguem, quase cegos, tropeçando
sob o choque da cotidiana luz do sol
do último dia, anjos peludos se arrastam
sobre todo o seu corpo feito um enxame de abelhas,
                                    [os bordos
lá no alto vertem notas ensurdecedoras
na direção dos céus, suas sílabas
explodem e sujam o gramado.

CORUJA E GATO,
ALGUNS ANOS MAIS TARDE

Então aqui estamos de novo, meu caro,
na mesma costa de que partimos
anos atrás, quando éramos promissores,
mas despidos – agora – de um bocado de cabelo,
ou pelo, ou penas, o que for.
Gosto das bifocais. Fazem com que você se pareça
ainda mais com uma coruja do que já se parece.
Acho que ambos chegamos longe. Mas

na verdade o quão longe estamos de onde começamos,
sob a lua recém-surgida, quando tramávamos
estarrecer? Quando pensávamos que
algo com sentido ainda podia ser feito
cantando, ou ganho, como troféus.
Ocupei as cercas, você a copa das árvores, onde
piamos e uivamos com toda força de nossos
fervorosos corações carnívoros, e veja,
ganhamos prêmios, sim: lá estão eles,
um pergaminho, um relógio de ouro, e um
aperto de mão demissório de um dublê
da Musa, que não pôde estar presente,
mas pediu desculpas. Agora podemos dizer

lisonjas um sobre o outro
em capas de livros. O que foi que
nos fez pensar que podíamos mudar o mundo?
Nós e nossa pontu-
ação inteligente. Uma metralhadora, ora –

isso sim seria diferente. Chega de untu-
osos adjetivos. Vá direto ao verbo.
Ars longa, mors brevissima. A vida
da poesia engendra a ânsia
pela ação, do tipo mais
comum. Decepar cabeças de dentes-de-leão,
morcegos ou burocratas,
esmagar as janelas dos carros. Embora

pelo menos tenhamos sido tolerados,
ou mesmo celebrados – o que significava
uma breve pirueta no clarão transiente
da serragem sob os refletores,
e seu rosto usado mais tarde para embrulhar peixe –
mas na maior parte do tempo ignorados
por esta multidão que finalmente admitiu
para si mesma que não dá
a mínima para a arte,
e preferiria ver uma boa evisceração
a qualquer momento. Você poderia ter se tornado
dentista, como seu pai esperava. Ainda

quer atenção? Tire a roupa
num sinal de trânsito na hora do rush, grite obscenidades
ou dê um tiro em alguém. Seu nome
sairá no jornal, talvez,
se é que isso significa algo. De todo modo

onde nós dois descemos?
Este pequeno talento que estimamos
tanto, e polimos como colheres

de prata, até brilhar
pelo menos com a intensidade do neon, na verdade
tão melhor do que a habilidade
de ganhar concursos de comer salsichas,
ou fazer malabarismo com seis pratos ao mesmo tempo?
Em todo caso, de que adianta,
chamar de volta os mortos, mover pedras,
ou fazer animais chorar? Eu

penso em você, andando por aí de noite
até a loja de conveniência, indo comprar seu meio litro
de leite, seus seis ovos médios,
a cabeça abarrotada de consoantes
como adoráveis pedrinhas
que catou em alguma praia lustrosa
de que não se lembra — meu tolo com penas
na cabeça, o que traz
em seus bolsos quase vazios
que atrairia mesmo o mais modesto dos ladrões?
Quem precisa de seu punhado
de ar tremeluzente, sua fosforescência, seus poucos
truques de cristal debaixo d'água
que só funcionam à luz da lua?
O meio-dia bate sobre eles e desmontam,
ossos velhos e terra, dentes velhos, um fardo
de sombras. Às vezes, eu sei, a quase sacra
brancura enraizada em nossos crânios se espalha
como cardos num terreno baldio, uma quente e poeirenta
erupção, que não é um halo
e voltará em intervalos

se nos mostrarmos gratos ou tivermos sorte, e
terminará por derreter nossos neurônios. Todavia

cantar é uma crença
que não podemos abandonar.
Qualquer coisa pode se tornar sacra
se para ela rezarmos o suficiente –
espaçonave, xícara de chá, lobo –
e o que queremos é a intercessão,
aquela fita iridescente
que outrora uniu a canção ao objeto.
Sentimos tudo pairando
a ponto de se transformar em si mesmo:
a árvore é quase uma árvore, o cachorro
mijando nela não será um cachorro
a menos que o notemos
e o chamemos pelo nome: "Aqui, cachorro."
E então nos postamos em sacadas e rochosos
topos de montanhas, e miamos o melhor que podemos,
e o mundo bruxuleia
sendo e deixando de ser,
e achamos que precisa de nossa permissão. Não

devíamos nos gabar: na verdade
é o contrário. Estamos
à mercê de qualquer vira-lata
raivoso ou pedra atirada ou raio
cancerígeno, ou nossos próprios
corpos: nascemos com o anzol da mortalidade
em nós, e ano após ano ele nos arrasta
para onde vamos: para baixo. Mas

com certeza ainda temos
um serviço a fazer, pelo menos
tempo a passar; por exemplo, poderíamos
celebrar a beleza interior. Jardins.
Amor e desejo. Lascívia. Crianças. Justiça social
de vários tipos. Inclua o medo e a guerra.
Descreva o que é estar cansado. Agora
estamos chegando lá. Mas isso é por demais
pessimista! Ei, temos
um ao outro, e um teto, e café da manhã
regularmente! Creme e ratos! Para

os nossos, noutras partes, com frequência é pior:
uma bota que se ergue, carne envenenada, ou ser arrastado
pelas asas ou pelo rabo até algum muro
ou trincheira e ser forçado a se ajoelhar
e ter os miolos explodidos, esparramando-se por toda
essa Natureza que tanto nos entusiasma –
na companhia de milhões,
importante dizer –
e em nome de quê? De qual substantivo?
De qual deus ou estado? O mundo se torna
uma imensa e profunda vogal de horror,
enquanto por trás dessas bandeiras mofadas, dos slogans
que sempre rimam com *mortos*,
sentam-se uns velhos ganhando dinheiro. Então

honestamente. Quem quer saber?
Da última vez que fiz a conta, meu bem,
a plateia era de esquilos.

Mas não preciso lhe dizer.
O pior é que agora somos respeitáveis.
Estamos em antologias. Ensinam-nos em escolas,
com biografias limpas e retratos distorcidos.
Agora integramos o desfile de rostos.
Em alguns anos, você estará num selo,
onde todos poderão lambê-lo. Ah,

bem, meu caro, nossa gôndola furada
de papelão nos trouxe até aqui,
nós e nosso violão de papel.
Não mais semi-imortais, apenas coruja trocando as penas
e gato artrítico, remamos
passando pelo último protetor
banco de areia, rumo ao salgado
mar aberto, o portão com as cabeças do cachorro,
e depois disso o esquecimento.
Mas continue cantando, continue
cantando, alguém talvez ainda esteja ouvindo
além de mim. Os peixes, por exemplo.
Seja como for, meu querido,
ainda temos a Lua.

OS POETAS AGUENTAM FIRME

Os poetas aguentam firme.
É difícil livrar-se deles,
embora deus saiba que já se tentou.
Passamos por eles na estrada
de pé com suas tigelas mendicantes,
um hábito antigo.
Nada dentro delas agora
além de moscas secas e moedas falsas.
Eles olham reto em frente.
Estão mortos ou o quê?
Têm, contudo, a expressão irritante
dos que sabem mais do que nós.

Mais do quê?
O que é isso que alegam saber?
Desembuchem, falamos entre os dentes.
Digam de maneira direta!
Se você tenta obter uma resposta simples,
nesse momento eles se fingem de loucos,
ou então bêbados, ou então pobres.
Vestiram essas fantasias
faz algum tempo,
esses suéteres pretos, esses andrajos;
agora não conseguem mais tirar.
E estão tendo problemas com os dentes.
Esse é um de seus fardos.
Uma ida ao dentista não lhes faria mal.

Estão tendo problemas com as asas, também.
Não temos visto muita coisa de sua parte
no setor de voo, estes dias.
Não os vemos mais pairando nos ares, radiantes,
acabaram-se as travessuras aéreas.
Para o que diabos são pagos?
(Suponha que sejam pagos.)
Não conseguem sair do chão,
eles e suas penas enlameadas.
Se voam, é para baixo,
para dentro da terra úmida e cinzenta.

Vão embora, dizemos —
e levem sua aborrecida tristeza.
Não os queremos aqui.
Esqueceram-se de como nos dizer
que somos sublimes.
Que o amor é a resposta:
dessa nós sempre gostamos.
Esqueceram-se de como bajular.
Já não são sábios.
Perderam seu esplendor.

Mas os poetas aguentam firme.
São tenazes, acima de tudo.
Não sabem cantar, não sabem voar.
Só dão pulos e grasnidos
e se debatem contra o ar
como se enjaulados,
e contam ocasionais piadas cansadas.
Quando lhes fazem perguntas a respeito, dizem

que falam o que devem.
Cristo, como são pretensiosos.

Há algo que sabem, porém.
Há algo que sabem, sim.
Algo que estão sussurrando,
algo que não podemos ouvir muito bem.
É sobre sexo?
É sobre poeira?
É sobre o medo?

LEITURA DE POESIA

Ao observar o poeta – o poeta conhecido –
saquear suas entranhas, expondo
todo seu estoque de pensamentos destrutivos
e vergonhosas lascívias,
seus ódios rançosos, suas ambições fracas mas estridentes,
você não sabe se sente desdém ou gratidão:
ele está fazendo nossa confissão por nós.

Está encaixotado num pulôver macio,
desafiadoramente não preto, mas amarelo-claro
feito sorvete de creme, a cor
que você compra para as crianças quando não quer
[parecer sexista,
e seu rosto com a testa preocupada
flutua contra o fundo do palco escuro,
os traços um tanto indistintos
como o Sol através da névoa,

e você compreende como o rosto dele foi, um dia,
quando era um menininho ansioso
equilibrado nas pontas dos pés, fitando o espelho
e perguntando, *Por que não consigo ser bom?*
e mais tarde, *São esses os meus verdadeiros pais?*
e um pouco mais tarde, *Por que o amor dói tanto?*
e mais tarde ainda, *Quem causa as guerras?*

Quer tomá-lo nos braços
e lhe dizer um punhado de mentiras.
Gente normal não faz essas perguntas,
você poderia dizer. *Vamos em vez disso fazer sexo.*

Sabe que mulheres mais burras do que você
propuseram esse remédio para todos os males
da mente e do espírito. Jurou nunca fazer isso,
então está abrindo uma grande exceção aqui.

Mas ele só responderia,
Já lhe falei das minhas crostas de ferida e compulsões,
meus tormentos sórdidos, minha falta de dignidade —
Eu só iria sujá-la.
Por que perder tempo comigo?

Ao que você responderia:
Ninguém o obrigou a fazer isto,
esta vadiagem com sílabas e dor,
este rolar nu sobre os cardos
e enfiar a língua nos pregos.
Você poderia ter sido pedreiro.
Poderia ter sido dentista.
Com um casco duro. Impenetrável.

Mas é inútil. Muitos pedreiros
estouraram os miolos com espingardas
por puro desespero. Com dentistas a taxa é mais alta.
Talvez seja *em vez de*, esta poesia.
Talvez a fileira de palavras
que sai dele agora como uma veia arrancada
seja tudo o que o mantém preso
a uns poucos metros desta terra.

Então você continua observando, enquanto ele se esfola
num êxtase de autorreprimenda;
ele está de roupas de baixo, agora,
a camisa de pelos, as correntes —
N.B., estas são metáforas —
e você vê que afinal
há uma fria habilidade nisso, como enfiar contas num colar
ou estripar uma cavalinha.
Há técnicas, ou truques.

Mas assim que você começa a se sentir lograda
a voz dele para, abrupta. Há uma breve inclinação da cabeça,
e um sorriso, e uma pausa;
e você sente sua própria inspiração
como um punho de ar golpeando-a
e se soma ao aplauso.

UMA MULHER POBRE
APRENDE A ESCREVER

Ela se agacha, descalça,
pés abertos, não é
graciosa; a saia metida entre os tornozelos.

Seu rosto é enrugado e rachado.
Parece velha,
velha demais.

Deve ter trinta anos.
Suas mãos também são enrugadas e rachadas
e desajeitadas. Seu cabelo está escondido.

Ela escreve com um graveto, laboriosamente,
na terra úmida e cinzenta,
franzindo a testa de ansiedade.

Letras imensas.
Pronto. Está terminado.
Sua primeira palavra até aqui.

Nunca pensou que pudesse fazer isso.
Não ela.
Isso era para os outros.

Levanta os olhos, sorri
como se estivesse pedindo desculpas,
mas não está. Não desta vez. Fez tudo certo.

O que diz a lama?
Seu nome. Não podemos lê-lo.
Mas podemos adivinhar. Olhe para o seu rosto:

Flor Alegre? Radiante? Sol sobre a Água?

O CANTOR DAS CORUJAS

O cantor das corujas seguiu errante para a escuridão.
Mais uma vez não ganhara um prêmio.
Era desse jeito, na escola.
Ele preferia os cantos escuros, camuflava-se
com os cabelos e orelhas dos outros,
e pensava em vogais longas, e fome,
e a amargura da neve funda.
Tais estados de ânimo não atraem resplendor.

O que há comigo? ele perguntou às sombras.
A essa altura elas eram sombras de árvores.
Por que desperdicei minha corda salva-vidas?
Abri-me aos seus silêncios.
Permiti que crueldade
e penas me possuíssem.
Engoli ratos.
Agora, quando estou no fim, e vazio
de palavras, e sem fôlego,
você não me ajudou.

Bem, disse a coruja, sem fazer um ruído.
Entre nós não existem preços.
Você cantou por necessidade,
como eu canto. Cantou para mim
e minha mata, minha lua, meu lago.
Nossa canção é uma canção noturna.
Poucos estão acordados.

PARTE 3

NOTICIÁRIO DAS DEZ

O pássaro que levou um tiro cai do ar,
os outros notam:
precisam saber o que está acontecendo.
Folhas de árvores farfalham, cervos crispam a cauda,
                                        [coelhos
reviram as orelhas.
Os comedores de grama se agacham, os saprófagos
lambem os dentes.
Vida derramada não os choca.

O que nos alerta? De que nos alimentamos?
Aceitamos tudo,
uma ferida após a outra.
Destroços destroços, dizem as armas.
Nossos rostos brilham à luz bruxuleante e vítrea,
a noite avulta como fumaça.

Oh, esconda seus olhos —
melhor sentar-se numa sala vedada,
portas trancadas, aparelhos fora da tomada,
nada além da foto panorâmica
das Cataratas do Niágara, que você comprou no último
                                                [verão —
toda aquela água repousante
como caramelo quente e verde escorrendo
em câmera lenta de um penhasco,

tentando não ver o nadador fraco,
ou as duas crianças em seu barco amarelo.

O TEMPO

Costumávamos observar os pássaros;
agora observamos o tempo.
Nuvens brancas, felpudas como travesseiros,
outras cinzentas como polegares gigantes,
outras escuras, gordas de destruição.

Outrora, não nos importávamos.
Tínhamos guarda-chuvas, e quartos.
Mas enquanto olhávamos noutra direção,
para guerras ou distrações variadas,
o tempo se esgueirou por trás de nós
como uma cobra ou um bandido ou uma pantera,
e então se libertou.

Por que fomos tão descuidados,
perguntamo-nos, enquanto o tempo se encapela
sobre o horizonte, verde
e amarelo, cada vez mais espesso
com areia e partes de corpos e fragmentos de
cadeiras e gritos.
Em sua esteira murchamos ou nos afogamos.

Como podemos enfiá-lo de volta
no saco ou na garrafa
onde costumava ser tão pequeno?
Quem o deixou sair?

Se o tempo estiver escutando
não é a nós.

É culpa nossa?
Causamos essa destruição ao respirar?
Tudo o que queríamos era uma vida feliz,
e que as coisas continuassem como eram.

O vento diminui. Há uma quietude,
meia hora de silêncio no céu.
Então, aí vem o tempo
– de novo, de novo –
um único e implacável som estridente,
pisoteando tudo,
chamuscando o ar.

É cego e surdo e assombroso
e não tem mente própria.
Ou tem? E se tiver?
Imagine que fosse rezar para ele,
o que você diria?

É OUTONO

É outono. As nozes caem tamborilando.
Frutos das faias, bolotas, nozes negras –
órfãos de árvores atirados ao chão
em suas roupagens duras.

Não entre ali,
no bosque laranja pálido –
está cheio de homenzinhos raivosos
andando sorrateiros em sua camuflagem
fingindo que ninguém pode vê-los.

Alguns ainda nem são velhos,
só têm testa com artrite,
ou então estão bêbados,
mas alguém tem de sofrer
por seus rancores, seus obscuros pesares:
quanto mais carne explodida, melhor.

Atiram ao menor movimento –
no seu cão, no seu gato, em você.
Dirão que você era uma raposa ou um gambá,
ou um pato, ou um faisão. Talvez um cervo.

Não são caçadores, esses homens.
Não têm um traço da paciência dos caçadores,
um traço do remorso.
Têm certeza de que são donos de tudo.
Um caçador sabe que pega emprestado.

Lembro-me das longas horas
agachando-me no mato alto do brejo —
o céu baixo e vazio, a água silenciosa,
as cores desmaiadas de árvores distantes
— esperando o rasante das asas,
em parte desejando que nada viesse a acontecer.

LAMENTO DE URSO

Você um dia acreditou que se apenas pudesse
se esgueirar para dentro de um urso, sua gordura e seu pelo,
lamber com sua língua atarracada, assumir
sua forma tão antiga, sua grande pata
grande pata grande pata grande pata
num pesado arrastar-se que mantém
sólida a terra no mundo todo, isso

poderia salvá-lo, numa crise. Entrar
em sua fria e sábia e gélida
casa de urso, como nas velhas histórias. Num furto
desesperado. Que ele compartilhasse
seu tempo ancestral e peludo de inverno, o isolasse
de todas as agudas e letais
granadas no ar, e depois dos outros milhões
de cortes e palavras e vapores
e vírus e lâminas. Mas não,

não mais. Vi um urso no ano passado,
contra o céu, um urso-branco,
empinando-se com algo de sua antiga
robustez. Mas estava magro, era só costelas,
e emagrecia cada vez mais. Farejando a nova
ausência de comida adequada
que lhe sabe a espaço desmatado e árido
destituído de significado. Então, há escasso
conforto ali.

Oh, urso, e agora?
E será que o chão
ainda vai aguentar? E por
quanto tempo?

PALÁCIO DE GELO

Mais um palácio de gelo. Mais um semi-
paraíso onde todos os desejos
são nomeados e assim criados,
e depois quase satisfeitos. *Hotel*
talvez seja um rótulo acurado.

Não feito de vidro e marzipã
e aço, e água em tom de joias
e gelatina de opala que brilha
feito peixes abissais fosforescentes, como
você poderia pensar a princípio. Mas não,

são apenas sonhos, são apenas
nuvens de hálito formando
palavras: a cama celestial, o bufê
do café da manhã. Mãos invisíveis
trazem comida, alisam

os lençóis, acendem as luzes,
fazem violinos entoar cantigas de ninar
no ar açucarado, limpam a mecha de cabelo
que você deixou no chuveiro de porcelana
e põem uma rosa no seu travesseiro

quando você não se encontra. Onde
está a besta assustadora que comanda o espetáculo
e anseia por beijos?
Onde estão os corpos que outrora
se uniam a todas essas mãos?

Nos bastidores é sempre carnificina.
Pétalas vermelhas no chão.
Você espera que sejam pétalas. Não destranque
a porta proibida,
aquela onde se lê

Somente funcionários. Não olhe
dentro do último quarto, o menor, oh
meu caro, não olhe.

SIGILO

O sigilo flui através de você,
um tipo diferente de sangue.
É como se você o tivesse comido
feito uma bala estragada,
colocado-o dentro da boca
deixado-o derreter agradavelmente na língua,
depois permitindo que deslizasse garganta abaixo
como o avesso de uma afirmação,
uma palavra dissolvida
em sons glóticos e sibilantes,
um lento inspirar –

e agora está em você, o sigilo.
Antigo e vicioso, exuberante
como veludo escuro.
Floresce em você,
uma papoula feita de tinta.

Não consegue pensar em outra coisa.
Uma vez de posse dele, quer mais.
Que poder lhe dá!
Poder de conhecer sem ser conhecido,
poder da porta de pedra,
poder do véu de ferro,
poder dos dedos esmagados,
poder dos ossos afogados
gritando do fundo do poço.

O ÚLTIMO HOMEM RACIONAL*

O último homem racional ocupa seu velho assento no
                                  [Senado.
Não sabe ao certo por que ainda está aqui.
Deve constar em alguma lista.
No ano passado havia muitos mais como ele,
mas foram excluídos um a um.
Toma banho todos os dias, e pratica respirar devagar
e as doutrinas do estoicismo.
Perde a calma, recorda a si mesmo,
e perderás tudo.
Está, porém, ficando cansado.
O esforço de não dizer nada o esgota.
Os outros em suas ricas roupagens masculinas
conversam bem-humorados e cuidadosos, atendo-se
                                  [a tópicos
cada vez mais escassos; até mesmo o tempo
é perigoso, o sol também,
já que o imperador alega controlar o primeiro
e ser o segundo.

Aí vem ele, com seu séquito tagarelante
de criados pagos que se contorcem de bonomia;
vem dourado e resplandecente como uma carruagem de mau
                                  [gosto,
e acabou de retornar de um novo triunfo.
Com um sorriso largo, ergue o dedo reluzente:
cestos de conchas caem em cascata no chão,
e a sala fede a moluscos mortos.

---
* No reino de Calígula.

Olhai, diz o imperador, *é um tesouro!*
Pelo poder de minha suprema divindade
eu derrotei o Rei do Mar!
Seus olhos têm o brilho malicioso
de um louco que conta uma mentira,
e sabe disso, e desafia os outros a contradizê-lo.

Todos dão vivas. O último homem racional
se obriga a dar vivas também.
O olhar do imperador abre um buraco
no ar que berra à sua frente.
Então, trazem o cavalo do imperador,
enfeitado com grinaldas feito uma dançarina do ventre.
Vou fazer dele senador!
gorjeia o imperador. *Cumprimentai vosso novo irmão!*

O último homem racional se põe de pé.
Ao abrir a boca pode ver
a água vermelha do banho, seus próprios punhos cortados,
sua casa roubada, seus filhos sem cabeça.
É só um cavalo, ele diz.
As palavras ficam penduradas ali
impotentes, como as bandeiras de uma cidade
já derrotada, entregue aos saqueadores.
De que modo, pensa o último homem racional,
pode-se dizer que tal lugar ainda exista?

O silêncio se cristaliza
em torno de sua cabeça como um halo de gelo.
Ele fica de pé ali.
Ninguém olha para ele exceto o imperador,
que lhe sorri com algo que é quase piedade.

CAMISETA BRANCA DE ALGODÃO

Camiseta branca de algodão: uma roupa então inocente.
Veio até nós da guerra, mas não sabíamos disso.
Para nós era a vestimenta do verão, reluzindo de brancura
porque tinha sido lavada em sangue, mas não sabíamos disso,
e na manga cortada, enrolada bem firme
como um punho de camisa, metiam-se os cigarros,
brancos também dentro do maço, também inocentes,
como eram calcinhas brancas, conversíveis brancos,
cortes escovinha de um louro quase branco,
e os dentes muito, muito brancos dos sorrisos alegres
dos rapazes.

A ignorância deixa todas as coisas limpas.
Nosso conhecimento nos oprime.
Queremos que ele suma

para que possamos vestir nossas camisetas brancas
e dirigir mais uma vez ao raiar do dia
por ruas cujos nomes nunca conseguimos
pronunciar, mas não importava,
sobre o vidro quebrado e os tijolos, passando
por rostos desconfiados e empobrecidos,
os sorrisos largos cheios de dentes pretos,
os cães famintos e as crianças feito gravetos
e as trouxas moles de roupas
que outrora continham homens,

desfrutando do sopro do ar da manhã
em nossas peles limpas e bronzeadas,
e as flores tão brancas que seguramos nos punhos
acreditando – ainda – que são flores de paz.

FOTO DE GUERRA

A mulher morta jogada na estrada poeirenta
é muito bonita.
Uma perna estendida, a outra flexionada, o pé apontando
na direção do joelho, o braço atirado acima da cabeça, a mão
relaxada num gesto adorável
que uma dançarina poderia estudar durante anos
e nunca conseguir fazer.
Sua túnica roxa tem o formato
de algo que esvoaça;
sua cabeça está virada para o outro lado.

Há mais mortos espalhados ao redor
como árvores destroçadas,
largados na esteira de homens amedrontados
que destroem tudo a caminho de um objetivo grandioso
de que já não conseguem bem se lembrar,

Mas minha atenção se fixa nesta bela mulher,
dançando ali no chão
com perfeição tamanha.

Oh bela mulher morta, se alguém
fosse capaz de me puxar através do desespero
e da árida impotência
até o coração da prece,
seria você —

Em vez disso por você farei
a única coisa que posso:

embora nunca venha a saber seu nome,
jamais vou esquecê-la.
Veja: no chão poeirento
sob minha mão, neste papel barato e cinzento,
vou colocar uma pedrinha, pronto:

                               o

FOTO DE GUERRA 2

Ainda que você continuasse vivo,
nunca teríamos nos falado.
Suponha que tivéssemos partilhado uma estrada,
um carro, um banco, uma mesa —

Talvez você me oferecesse
um pedaço de pão, uma fatia de limão.
Ou então haveria suspeita,
ou medo, ou nada.

Agora, contudo, parece que pergunto
e você responde:

Por que a árvore está morrendo?
   Está morrendo por falta de verdade.

Quem tapou os poços da verdade?
   Aqueles com as armas.

E se eles matarem todos os que estão sem armas?
   Então vão se matar uns aos outros.

Quando haverá compaixão?
   Quando a árvore morta florir.

Quando a árvore morta vai florir?
   Quando você tomar a minha mão.

Esse é o tipo de coisa
que só acontece na poesia.
Tem razão em suspeitar de mim:
não posso falar de sua ausência por você.

(Por que então consigo ouvi-lo com tanta clareza?)

A NINGUÉM IMPORTA QUEM GANHA

A ninguém importa quem ganha as guerras.
Importa no momento:
gostam das paradas, dos vivas;
mas depois a vitória perde a importância.
Uma taça de prata sobre a lareira
gravada com um ano ou outro;
uma horda de botões cortados de cadáveres
como suvenires; algo vergonhoso
que você fez com intensa raiva oculta
da vista dos outros.
Sonhos ruins, um pouco de pilhagem.
Não há muito o que dizer a respeito.

Mas foi um bom momento, você pensa.
Nunca me senti mais vivo.
Ainda assim, a vitória o intriga.
Alguns dias você esquece onde a colocou,
embora homens mais jovens discursem a respeito
como se também tivessem estado lá.

Claro que é melhor ganhar
do que não. Quem não preferiria?

Perder, contudo. É diferente.
A derrota cresce como um vegetal mutante,
inchando com o não dito.
Acompanha-o sempre, espalhando-se sob a terra,
alimentando-se do que já não há mais:
seu filho, sua irmã, a casa de seu pai,

a vida que você deveria ter tido.
Nunca está no passado, a derrota.
Alaga o presente,
mancha até mesmo o sol da manhã
com a cor da terra queimada.

Por fim irrompe na superfície.
Explode. Explode e vira canção.
Longas canções, compreende.
Canções que não terminam nunca.

O VALE DOS HEREGES*

Este é o vale dos hereges: outrora muito
longe de tudo, agora devastado
pelas forças da invasão, nós próprios incluídos.
Em nossa concha de metal, saímos para ver a paisagem:
um rio verde; uma fonte de cem anos de idade
com uma moça de olhos dissimulados reclinada em pedra
escorando os notáveis da cidade; as fileiras
de xales e aventais esvoaçantes; mesas sobre cavaletes
expondo bricabraque — tabuleiros de xadrez e saleiros
deixados por famílias desaparecidas, cigarras
de gesso com o rótulo "artesanato", decerto made in Taiwan.

Ainda não chegamos. Abrimos caminho pelo ar
enquanto os juncais e arbustos agitam-se como se
                                        [esmurrados.
O vento seco se arremessa sobre nós; sacolas de plástico
rasgadas como pássaros de ectoplasma esvoaçam
                                        [e ondulam,
e rajadas açoitam a placa que exibe uma grande gota de
                                        [sangue
com luvas brancas e um sorriso, e o outro cartaz,
uma moça de roupa de baixo lambendo os lábios num
                                    [sorriso afetado.
Isso teria sido magia sinistra
outrora, onde quer que os ícones abundassem, mas
                                  sobretudo aqui
entre as montanhas caladas, neste lugar agreste
salpicado de pedras e infestado de cabras e feitiçaria.

---

* Vale do Luberon, Provença.

Enquanto avançamos em meio a nuvens do pó áspero
que sopra dentro do carro e cobre nossos cabelos,
linhas finas atravessam nossos rostos
como filmes em câmera rápida de afrescos negligenciados.
Os hereges, escondidos em suas cidades no alto da colina,
ensinaram que o corpo era lixo,
que a terra fora criada por um deus menor e maligno –
pensamentos pelos quais lhes atearam fogo e os queimaram
em agonia. Não queremos acreditar neles,
mas em dias de vento como este os inspiramos
com desconforto, uma sensação de presságio:
suas cinzas estão em toda parte.

SANTA JOANA D'ARC
NUM CARTÃO-POSTAL

Aqui está Joana em seu lençol de penitência,
despida de sua armadura, o cabelo tosquiado,
envolta com uma corda
feito um pernil de carneiro desossado e amarrado,

com um chapéu que parece de papel,
de jornal, aliás, mas sem nada impresso,
um chapéu cônico de bobo.
Toda ela é pálida, mãos, pés descalços,
vestimenta fina, extenuada e branca,
lívida como o centro de uma chama:
a presciência faz isso.

Algum clérigo ateando-lhe fogo.
Nenhum dos dois parece feliz com isso.
Uma vez acesa, ela queimará como um livro,
como um livro que nunca foi concluído,
como uma biblioteca trancada.

Seus dois anjos canhotos
e os lemas ardentes
que sussurraram em seu ouvido –
Coragem! Adiante! Rei!
também vão queimar.
Suas vozes murcharão e serão sopradas longe
num rabisco de cinzas,

pedaços carbonizados de uma piada indecente
na longa e dissoluta narrativa
que as pessoas continuam a se contar sobre Deus,

e os espectadores na praça darão vivas,
incinerando-a com os olhos
já que todos gostam de uma boa fogueira
e um belo grito, algum tempo depois.

É você que a lê agora,
que lê o Livro de Joana.
Que ideia faz dela?
Joana, a mensageira presunçosa,
ou louca, ou esfera vítrea
contendo um capítulo puro e conciso
de uma história a que faltam as duas pontas?

Você vai improvisar alguma tradução,
você e a lâmpada da luminária em sua mesa,
você e seu olhar fixo e incandescente.

A CRIANÇA FERIDA

A criança ferida vai mordê-lo.
A criança ferida vai se tornar
uma criatura assustadora
e mordê-lo aí mesmo onde você está.

A criança ferida verá a pele se formar
sobre o ferimento que recebeu de você
— recebeu não, porque o ferimento
não é um presente, um presente é aceito
livremente, e a criança não teve escolha.

Ela vai formar uma pele sobre o ferimento,
o ferimento acumulado, o ferimento que atravessa gerações
e que você extraiu com força de si mesmo feito uma bala
e implantou na carne da criança —
uma pele um couro um pelo
uma crosta escaldada,
e dentes afiados de peixe
como os de um bebê deformado —
e vai mordê-lo

e você vai dizer que não vale
como é o seu hábito
e haverá uma luta
porque você vai tirar a luta da caixa
com o rótulo *Lutas* que guarda com tanto cuidado
para as emergências, e esta é uma delas,

e a criança ferida perderá a luta
e irá cambaleando
para os subúrbios, e causará
pânico nas drogarias e estrago
nos churrascos
e eles dirão *Ajudem ajudem um monstro*
e sairá no noticiário

e ela será caçada
com cães, e deixará um rastro
de cabelo, pelo, escamas e dentes de leite, e lágrimas
de onde foi rasgada
com vidro quebrado e coisas do tipo

e vai se esconder em canos de esgoto
em depósitos de ferramentas, debaixo de arbustos,
lambendo sua ferida, sua raiva,
a raiva que recebeu de você
e vai se arrastar até o poço

o lago o riacho o reservatório
porque tem sede
porque é monstruosa
com sua sede feroz
que parece toda coberta de espinhas

e os cães e caçadores vão encontrá-la
e ela ficará encurralada
e uivará sobre injustiças
e vão rasgar seu corpo e abri-lo

e vão comer seu coração
e todos darão vivas,
Graças a deus acabou!

E seu sangue escorrerá para dentro d'água
e você vai bebê-lo todos os dias.

ELES FORNECEM PROVAS*

Eles fornecem provas
numa sala vazia
dezesseis deles, oito homens, oito mulheres,
quatro fileiras de quatro,
número azarado.

Todos são carecas,
todos estão nus,
todos têm ombros largos,
mãos imensas, pernas fortes, pés imensos.

Sua pele é de um branco acinzentado,
de um marrom acinzentado,
cores minerais, empoeiradas e marcadas com cicatrizes
como se tivessem ficado enterrados;
como se tivessem ficado enterrados por muito tempo
e sido desenterrados em segredo, feito esculturas antigas
guardando os ossos dos reis;
como se antes estivessem mortos.

Mas não estão mortos, não exatamente.
Suas bocas estão abertas, embora não haja línguas;
seus olhos estão abertos, embora não haja olhos;
eles têm espaços para línguas e olhos,
espaços vazios;
falam e olham
com este vazio que carregam.

---
* A partir de uma instalação de sala inteira de Dadang Christanto, 1996.

Carregam o vazio,
carregam roupas vazias.
Coloridas e estampadas, não desbotadas,
vermelho amarelo azul, saias blusas calças,
moldadas no formato dos corpos,
os corpos que o pano outrora conteve.
Homens e mulheres, e crianças
quatro crianças, cinco
crianças, seis,
é difícil dizer.

Aqueles que estão nus carregam as roupas
que nunca foram suas.
Carregam as roupas com delicadeza
como se as roupas estivessem dormindo,
como se os corpos desaparecidos dentro das roupas
                        [estivessem dormindo,
os corpos de ar.
Com delicadeza, seguram as roupas duras e vazias
como guirlandas congeladas agora, como oferendas.
Como flores desafortunadas.

Dizem palavras, eu acho.
Testemunham.
Nomeiam nomes.
É o que você haveria de supor.

Ou talvez seja um cântico,
uma oração uma pergunta.
Talvez entoem louvores.

Para quem recitam cânticos e oram?
A quem interrogam?
A parede à qual se voltam está nua.
Entoam louvores a quem?

Talvez sejam anjos
de um novo tipo, carecas e sem olhos
e sem asas.
Anjos são mensageiros.
Talvez eles tragam uma mensagem.
As mensagens dos anjos
raramente são afortunadas.

(Quais são os nomes?)

PARTE 4

BASTA DESSE DESÂNIMO

Basta desse desânimo,
você disse. Basta de crânios corroídos.
Por que todos esses ingressos vermelhos molhados
para o teatro da dor?
Por que essas caixas cheias de ruína?
Depósitos de quarteirão inteiro lotados.
Por que não fala de flores?

Mas eu falei, respondi.
Pétala por pétala, amarílis e rosa
desabrochando na estação, falei de todas elas —
a folha, o caule, a intricada floração —
louvei uma de cada vez.
Também falei de pores do sol
e auroras prateadas, e do meio-dia.
Falei de rapazes
tocando suas flautas junto aos lagos
e garotas dançando.
Ergui fontes, peras douradas:
milagres assim suaves.

Você não os quis,
esses sabores pastéis.
Ficou entediado com eles.

Queria as notícias difíceis,
os golpes de martelos,
corpos atirados ao ar.
Queria armas,

o reluzir do sol no metal,
as cidades derrubadas, a poeira subindo,
o baque de chumbo do julgamento.
Você queria fogo.

Apesar de minhas penas queimadas
e deste surrado pergaminho que arrasto por aí,
não sou um anjo.
Sou apenas uma sombra,
a sombra dos seus desejos.
Sou apenas quem atende a pedidos.
Agora atendi aos seus.

ATIVIDADES POSSÍVEIS

Você poderia sentar-se em sua cadeira e catar o idioma
como se fosse uma tigela de ervilhas.
Muita gente faz isso.
Poderia ser educativo.
Sequer precisa da cadeira,
poderia fazer malabarismo com pratos de ar.

Poderia meter varetas através da grade
no seu cérebro, que mantém trancado aí em cima,
agachado e enfadado como uma velha tartaruga,
e o fita, indolente e sem olhos.
Poderia provocá-lo desse jeito,
fazê-lo dizer asneiras e pensar,
e emitir um som crocitante
que você poderia chamar de verdade.
Uma atividade inofensiva,
mais ou menos como tricotar,
até ir longe demais com ela
e eles trazerem os laços e os fósforos.

Ou você poderia fazer outra coisa.
Algo mais sociável.
Mais orientado para o grupo.
Muita gente faz isso também.
Gostam das multidões e dos gritos,
gostam da adrenalina.

Agache-se. Arranje uma cortina com blackout.
Finja que não está em casa.

Finja que é surdo e mudo.
Olhe: ancinhos e tochas!
A julgar pelos quadros antigos,
as coisas poderiam piorar.

INTERROGAR OS MORTOS

Vá à entrada de uma caverna,
cave uma vala, corte a garganta
de um animal, derrame o sangue.

Ou sente-se numa cadeira
com outras pessoas, ante uma mesa redonda
num quarto na penumbra.
Fechem os olhos, deem-se as mãos.

Essas técnicas poderiam ser chamadas
a heroica e a *mezzotint*.
Não temos certeza se acreditamos em alguma,

ou nos mortos, quando eles aparecem
com cheiro de cabelo úmido,
bruxuleando como torradeiras defeituosas,
seus rostos de lenços de papel
farfalhando, seus sons sibilantes, suas fissuras,
arrastando sua gaze fraudulenta.

Suas vozes são secas como lentilhas
caindo num jarro de vidro.
Por que não podem falar com clareza
em vez de murmurar sobre chaves e números,
e escadas, eles mencionam escadas...

Por que continuamos a importuná-los?
Por que insistimos que nos amem?

O que gostaríamos de lhes perguntar,
afinal? Nada que eles queiram dizer.

Ou pare diante de um poço ou um lago
e deixe cair ali uma pedra.
O som que ouvirá é a pergunta
que deveria ter feito.

A resposta também.

A NATUREZA DO GÓTICO

Mostro-lhe uma garota correndo à noite
entre árvores que não a amam
e as sombras de muitos pais

sem caminhos, sem sequer
migalhas de pão ou pedras brancas
sob uma lua que nada lhe diz.
Isto é: *Nada,* lhe diz.

Há um homem por perto
que alega ser um amante
mas cheira a pilhagem.
Quantas vezes teremos que dizer a ela
que se mate antes de ceder?

Não adianta dizer
a essa garota: Você é bem cuidada.
Eis aqui um quarto seguro, eis
comida e tudo de que precisa.

Ela não consegue ver o que você vê.
As trevas correm em sua direção
como uma avalanche. Como cair.
Ela teria gostado de avançar para o seu interior
como se fosse não um espaço vazio
mas um destino,
retirando seu corpo e deixando-o
amarrotado atrás dela feito a manga de uma roupa.

Sou a velha
que sempre há em histórias como esta,
que diz, *Volte, meu bem.*

Volte para o porão
onde o pior está,
onde os outros estão,
onde você pode ver
como ficaria se estivesse morta
e quem quer isso.

Então estará livre
para escolher. Para seguir
seu caminho.

A LINHA: CINCO VARIAÇÕES

I)

A linha é um fio branco,
ou pelo menos é o que nos dizem. Você amarra
uma ponta a uma árvore ou cama
ou soleira, e passo
a passo desenrola
esse fio atrás de você

enquanto entra na caverna para encontrar
o que quer que haja ali –

a hostilidade do universo,
um amante descartado,
o centro de sua própria cabeça –
fogo compactado,
monstruoso, chifrudo, sagrado.

Prende o fôlego,
uma mordida no coração
após a outra.
O gosto é familiar.

II)

A linha é uma corda salva-vidas,
o conduz de novo
ao profano. A legumes

e sexo, e ovos
e bacon. Forragem. Lamaçal. Tempo
tal como habitualmente entendido.
Desjejum, almoço, jantar,
arquitetura,
todas essas coisas
que não sentirão sua falta
quando estiver em outro lugar.
Pronto. Sente-se melhor?

III)

Inverta o campo e a linha é preta,
a caverna, uma paisagem branca indistinta.
O vazio, a neve.
O monstro não é carvão em brasa
mas uma sombra com pelo de gelo.

Aonde isso leva você?
Para fora do corpo, para cima da página,
a linha a rede
onde emaranha Deus –
Ó, espírito mau de papel –

no meio de sua nevasca,
no meio de sua avalanche
de *nihilo*,
cuidando de seus assuntos,
extraindo estrelas do zero.

IV)

A linha é para a pesca.

Você fisga o grandão, puxa-o.
Cobre com a rede o seu debater-se.
Anota-o, a Palavra
transformada em palavra. Você o aterrou,
seus atos e sofrimentos. Ele escorre
por seus dedos agora, como sangue cor de vinho escuro
libertado.
   Ai ai. Você cortou o laço,
você lhe deu espaço. Ele se foi
na espiral do vento, ele ruge
do alto da montanha:
Aí vem o Tempo!
Nham! Nham! Nham! Nham!

Agora teremos massacres.

V)

Mas que conversa fiada
você nos fez engolir! Que história ruim!

Veja se não mexe em nada
da próxima vez! Não toque nesse papel!
Não precisamos de lorotas extravagantes sobre
os excessos da guerra por aqui. Não
precisamos de mais *E então*.

Mas você nunca escutava.
Acha que é algum tipo de poeta.
Agora veja o que fez,
você e seu maldito verso –
se emporcalhando com a criação.

Tinha que se meter nessa história.
Não podia deixá-la em paz.

MAIS UMA VISITA AO ORÁCULO

1) *Mais uma visita ao oráculo*

Poderia lhe dizer tanta coisa
se tivesse vontade. Mas tenho cada vez menos.
Costumava verbalizar um quilômetro por minuto,
mas tive que desistir. É
difícil demais transformar as calorias em palavras,
como você também vai descobrir se viver
o suficiente. Se viver tanto quanto eu.
Então, tive que editar. Comecei a usar
o aforismo. Críptico, dizem.
Em breve conseguirei resumir tudo numa palavra.
Tudo comprimido ali, muito
condensado, entende, como uma
pequeníssima estrela negra. Como um buraco
negro. Como um denso potencial. Como a letra A.
Vê o que quero dizer com críptico.
Poderia falar assim durante horas. Semanas meses
anos séculos milênios. Poderia e falei.
Era minha vocação, afinal. Meu
destino. Isso, e a falta de acurada
tradução. Quer conhecer seu futuro?
Mas preferiria a qualquer momento uma história
feliz. Ou pelo menos é o que diz.

2) *Profecia*

O futuro será ao mesmo tempo melhor do que o passado
e pior.

Que futuro?
O seu futuro,
que muitos futuros implicam.
Que passado?
O seu passado,
que muitos passados tocam.
O seu futuro e o seu passado estão ambos em sua cabeça,
pois onde mais poderiam estar?
E sua cabeça está no presente, já que
no momento em que ouve isto, "sua cabeça" —
a que eu acabei de mencionar —
já está no passado,
que não existe, exceto
em sua cabeça enquanto eu lhe digo isto.
A profecia é, portanto, fácil.
Tudo o que preciso fazer
é estar presente em minha cabeça,
que contém a sua cabeça.
Posso caminhar por ali
como se estivesse numa caverna,
numa bem-iluminada caverna.
Posso olhar para qualquer traço.
Esse é um método.
Só parece magia.

3) *Costumavam me fazer...*

Costumavam me fazer todo tipo de pergunta:
será que vou arranjar um bom marido
será que vou ficar rico

será que o bebê vai se recuperar
e assim por diante.
Agora é uma coisa só:
Não há esperança?
Perguntam isso sem cessar.
Embora o céu esteja azul como sempre
as flores igualmente floridas,
ficam parados ali com a boca mole
os braços pendendo inúteis
como se a terra estivesse prestes a desmoronar,
como se não houvesse refúgio.
É claro, eu digo.
Odeio desapontar.
É claro que há esperança.
Está ali naquele poço.
Há uma provisão inesgotável.
Curve-se sobre a beirada, verá.
Lá embaixo.
Parece prata.
Assemelha-se a você,
o sol por trás da sua cabeça
como se o seu cérebro estivesse em chamas.
O rosto escuro e sem traços.
Mas esse é um truque da luz.
Isso é esperança.
Está no tempo futuro.
Não se deixe enganar.

4) *Não se deixe enganar...*

Não se deixe enganar.
Que coisa para se dizer.
Como se não houvesse uma conspiração.
Relaxe, as lâmpadas cantam.
Logo vai ficar tudo bem,
zumbem os fios.
Você poderia pensar que é primavera,
com tantas canções à solta
rebentando de amor, e tudo
mecânico.
Artifício é o ar que respiramos,
não poderíamos viver sem isso.
Você não quer que as coisas fiquem bem?
Não quer se divertir?
Não quer o seu jantar?
Bata palmas e deseje com bastante força.
É o que vamos comer:
a comida dos desejos.

5) *A comida dos desejos*

A comida dos desejos está no prato.
Tem espasmos. Ainda está viva.
Você não ia querer desejos mortos.

Eles estragam muito rápido.
Mas se desejos fossem peixes
logo a sorte nos abandonaria.

Coma, coma, o corpo diz:
Aí vem a inanição
soprando em sua direção como um vento seco.
Ninguém tem um plano.

Você vai precisar dessa gordura,
todos esses desejos gordos,
esses sonhos gordos que comeu.

Comece a trabalhar na sua toca,
aquela onde vai buscar abrigo
para poder hibernar.

Peça o auxílio do seu urso interior,
ele está aí dentro.

6) *Por que eu deveria lhe dizer algo de verdadeiro?*

I)

Por que eu deveria lhe dizer algo de verdadeiro?
Por que eu deveria lhe dizer algo?
Você não está me pagando.
Não faço isso por dinheiro.

Estenda sua mão,
sua mão vazia.
Entendo.
Se lhe contasse o que carrega
nas linhas da sua mão

que eu disse estar vazia,
estar cheia de vazio,
haveria de se aborrecer. Oh, claro
que não, diria. Você é lúgubre
demais. Severa demais.

Faço isso para ajudar.
Preferiria outra coisa?
Que eu lhe oferecesse diversão?
Algumas jigas, ou truques?
Falta-me a leveza,
faltam-me as penas.
Não é o que faço.

O que faço: vejo
na escuridão. Vejo
a escuridão. Vejo você.

II)

Vejo você,
na escuridão, caminhando.
Vejo seus pés apressados.
Eis onde estará
no fim de todos os pores do sol,
de todos os banquetes.

Atrás de você há um túnel
e uma vida ali dentro.
Sua vida anterior,

sua vida de sedas e jardins.
Cores bruxuleando.
A cidade está em chamas,

é como eu disse:
hora de fugir
levando o que traz no corpo.
Esqueça as joias,
esqueça os amantes que um dia já teve.
Não hesite.
Pode encontrar outras pulseiras.

Lá à sua frente o que há?
É um rio?
A água escorre como óleo,
sem ruído e sem peixes.
Uma praia muda.

É aqui que me torno útil:
já estive aqui
de alguma forma.
Vou ajudá-la a chegar até a margem,
vou ajudá-la a atravessar.
Sei a quem subornar.
Não tenha medo.

III)

Não tenha medo.
Vão fornecer um barco.

Depois que o barco for a pique,
depois que você chegar à margem,
apesar do barco indo a pique,
depois que encontrar quem quer que a espere,
e que a ame (possivelmente),
depois que entrar
na parte que não consigo ver,

vou contar sua história —
sua história que um dia foi tão graciosa
mas que agora é sombria.
É o que eu faço:
conto histórias sombrias
antes e depois de se tornarem verdade.

PARTE 5

CANÇÃO DO BARCO

Há empurrões e tumulto,
coletes salva-vidas de menos:
isso é óbvio;

então, por que não passar os últimos momentos
praticando nossa modesta arte
como sempre fizemos,

criando um lago de conforto possivelmente falso
em meio à tragédia?
Há algo a ser dito em favor disso.

Imaginem-nos, então, na orquestra do navio.
Todos permanecemos em nossos lugares, tocando
notas breves e dedilhando e marcando o tempo

com nossos instrumentos cotidianos
enquanto os gritos e as botas correm pesados.
Alguns pularam; seus casacos de pele e seu desespero

puxam-nos para baixo. Mãos crispadas se projetam em meio
[ao gelo.
O que estamos tocando? É uma valsa?
Há comoção demais

para que os outros possam distinguir com clareza,
ou então estão longe demais –
um alegre foxtrote, um velho hino meloso?

O que quer que seja, somos nós com os violinos enquanto as luzes se esvaem e o grande navio afunda e a água se fecha sobre ele.

ZELOSA

Como foi que me tornei tão zelosa? Fui sempre assim?
Saindo por aí quando criança com uma vassourinha
                          [e uma pá,
varrendo a sujeira que eu não tinha feito,
ou lá fora no jardim com um ancinho mirrado,
tirando o mato dos jardins dos outros
— a sujeira era soprada de volta, o mato crescia, apesar dos
                                 [meus esforços —
e com uma carranca de desaprovação o tempo todo
ante a irresponsabilidade dos outros, e a minha própria
                                 [escravidão.
Eu não executava essas tarefas de bom grado.
Queria estar no rio, ou dançando,
mas algo me segurava pela nuca.
Essa também sou eu, anos mais tarde, um caco,
                          [de olhos roxos,
porque o que tinha de ser terminado não fora, e fiquei
                             [acordada até tarde,
rabugenta como uma cobra, tomando café demais,
e ainda mais adiante, aqueles grupos compostos
                            [de murmúrios
e repreensões, e a exortação padrão:
Alguém devia fazer alguma coisa!
Era a minha mão se levantando rapidamente.

Mas eu me demiti. Descartei o aperto do meu eco.
Decidi usar óculos escuros, e um colar
adornado com a palavra dourada NÃO,
e comer flores que não cultivei.

Por que me sinto, contudo, tão responsável
pelo choro que vem das casas em ruínas,
por defeitos de nascença e guerras injustas,
e a tristeza macia e insuportável
que escoa das estrelas distantes?

RABO DE CORDA

Eu costumava ter o rótulo de útil pendurado em mim
como um rabo falso de corda num cachorro mutilado.
Abanava e abanava e abanava meu apêndice sem nervos:
Se eu lhe der algo, você vai gostar de mim?

Observe-me fazê-lo feliz!
Eis aqui um graveto seco!
Peguei-o no monte de cinzas.
Eis aqui um pássaro morto.
Pronto! Não sou bom?

Eis aqui um osso roído,
é meu,
tirei do meu braço.
Eis aqui meu coração, num montinho de vômito.

Foi minha culpa que você tenha se zangado
com as notícias do mundo? Que tenha xingado Deus
e os bancos, e ainda por cima o tempo?
Que tenha ficado de mau humor o dia todo e sido mordaz
com o seu espelho, e também
com as garotas no caixa?
Que tenha considerado o sexo um caos?

Fiz o melhor que pude. Abanava e abanava
meu rabo de corda.
Aceite um pouco de baba e lama!
Admire minha boa vontade! Ela se agarra
às solas de suas botas

como geleia macia e rosada derretida.
Tome, leve contigo!
Leve tudo, e então estarei livre;
poderei fugir. Sou inocente.
Fique com o rabo de corda também.

ROUBAR A COPA DO BEIJA-FLOR*

Outrora eu cobiçava o mundo.
Queria roubar coisas,
queria roubar muitas coisas.
Nos anos recentes, pouquíssimas.

Mas hoje senti o impulso do furto
se esgueirando de volta aos meus dedos:
Queria roubar a taça do beija-flor.
Se você tivesse a mão grande

e tocasse o polegar no indicador,
essa seria a circunferência.
Se tivesse o olho pequeno,
o beija-flor seria menor.

A taça é de um vermelho escuro,
cor de sangue seco,
e tem uma pena pintada, ou talvez um vento,
ou talvez uma palavra.

O beija-flor é de um azul vivo.
Empoleira-se na borda
e mergulha o bico na taça
bebendo o que costumava haver ali.

Quem a fez?
Para quem foi feita?

---
* México. Para Monica Lávin.

Quem verteu o que dentro dela?
Com que prazer?

Se eu apenas pudesse roubar essa taça —
quebrar o estojo de vidro, fugir com ela!
Essa taça cheia de felicidade
que parece o ar
ou fôlego exaurido, ou sombras
num dia sem sol,
que não parece coisa alguma,
que parece o tempo,

que parece o que você quiser.

UM DIA VOCÊ CHEGARÁ...

Um dia você chegará a uma dobra na vida.
O tempo vai se curvar como um vento
e depois disso os jovens
já não vão mais temê-lo
como deveriam,

como temiam quando tinha cinquenta anos a menos
e um leve brilho feito o inverno,
e guardava as almas dos homens em frascos de xarope
                            [contra a tosse
e podia fazer com que os cachorros irrompessem em chamas.

Em vez do medo, vão lhe conceder
uma espécie de zeloso respeito
que não é sério, na verdade,
e você notará que passou a ser um objeto
de jocosidade secreta
como um chapéu caro e ridículo.
Os olhos brilhantes dos velhos não são alegres

ou se são alegres têm a alegria
das coisas sem força.
Papel de parede com flores cor-de-rosa.
Botões de flores em vasos para botões de flores. Borboletas
embriagadas com peras fermentando.
Bêbados na sarjeta.

Bêbabos na sarjeta cantando —
esqueci de acrescentar isso.

TERRA REVOLTA

Terra revolta: algumas plantas logo brotam ali.
Os cardos me vêm à mente.
Depois que você os arranca,
eles se esgueiram de novo sob o chão
e metem seus focinhos carnudos e espinhentos
onde você pretendia ver lírios.

A orelha-de-lebre faz isso. A beldroega. A ervilhaca roxa.
Marginais, cavando fossos,
flagrantes com sementes, disseminando
seus buquês de indigentes.

Por que você os rejeita,
a eles e às suas emaranhadas harmonias
e madrigais vulgares?
Porque frustram a sua vontade.

Sinto o mesmo com relação a eles:
cavo e desenterro,
piso em suas vagens e em seus caules,
decepo-os e os esmago. Ainda assim,

imagine que eu consiga retornar –
que opere uma transmutação, digamos –
uma vez tendo sido calcada com a pá?
Alguma estranha vegetação ou emboscada?

Não busque na orla de plantas perenes:
procure por mim na terra revolta.

LÍQUEN DAS RENAS NO GRANITO

Esta é uma língua pequenina,
menor do que o gaulês;
quando você está de botas
quase que não a vê.

Um dialeto árido e ressequido
com muitas palavras para persistir
e com galhos cinzentos
feito uma velha árvore, frágil e nua.

Sob a chuva ficam rijos feito couro,
depois dóceis, feito borracha.
Projetam para o alto suas bocas pequeninas
nos caules, vermelhas e redondas,

cada uma delas pronunciando a mesma sílaba,
o, o, o, como os olhos perplexos
dos peixinhos de água doce.
Milhares de esporos, de rumores

infiltrando-se nas fissuras,
movendo-se despercebidos para
dentro do grave *é* da pedra,
destruindo a rocha.

A TERCEIRA IDADE VISITA O ÁRTICO

Lá vamos nós, cambaleando pela prancha de desembarque,
embrulhados em nossas camadas de agasalhos,
com luvinhas de criança, opondo o peito – como
antigamente diziam – às ondas geladas
quicando em nosso barco de borracha,
tão cheios de pílulas que chacoalhamos.

Somos o que os franceses educadamente chamam
de Terceira Idade: Um e Dois atrás de nós, Quatro
ainda delicadamente não mencionado, embora
avulte. É o que vem a seguir.
Enquanto isso, gritamos com todas as forças
enquanto a espuma nos atinge,
encantados por estar livres.
Não responsáveis.

Aaju é uma das responsáveis por nós –
usa sua parca de pele de foca
para o pessoal da câmera, e traz a arma para ursos.
Dirige-nos um olhar severo, de esguelha:
já viu gente demais como nós
para nos achar verdadeiramente engraçados.
Tomar conta de nós será como tomar conta
de ratinhos. Vamos nos afastar.
Além disso, não escutamos com atenção.

Desajeitados, chegamos à costa. Hora da aula.
É Jane, hoje. Ela diz:
Quando virem um riacho como este,
desaguando numa baía,

e houver terra plana para montar uma barraca,
e uma vista para o mar, para a caça
e arbustos de frutas silvestres, uma encosta inteira,
sabem que deve ter havido pessoas.

E é verdade, veja só:
um anel de pedras, uma armadilha para raposas
e mais adiante um túmulo,
lajes grossas para manter afastados os animais.
Eles gostam de receber visitas,
diz Aaju. *Digam oi.*

Então nos deitamos no musgo macio, fitamos
o céu lá em cima, e o mármore das nuvens,
e um corvo circundando, e é uma paz completa
em meio às vozes que não falam,

mas não podemos ficar aqui:
precisamos de mais vida real, temos que
levar isto a cabo. Então caminhamos de volta
em nossas botas desajeitadas e agasalhos impermeáveis,
passos pesados sobre as pedras arredondadas
feito crianças velhas e muito grandes chamadas de volta
[à escola.

Aaju está empoleirada numa colina distante
para nos manter fora de perigo.
Ergue-se num dos pés, levanta os braços,
uma mensagem silenciosa:
Olá! Estou aqui!
    Aqui é onde eu estou.
Ergo-me num dos pés, também.

VOCÊ OUVIU O HOMEM QUE AMA

Você ouviu o homem que ama
falando sozinho na sala ao lado.
Ele não sabia que você escutava.
Colocou a orelha de encontro à parede
mas não distinguia as palavras,
só uma espécie de resmungos.
Estaria ele zangado? Estaria praguejando?
Ou era algum tipo de comentário
feito uma longa e obscura nota numa página de poesia?
Ou estaria ele tentando encontrar algo que perdera,
como, por exemplo, as chaves do carro?
Então de repente começou a cantar.
Você se alarmou
porque isso era algo novo,
mas não abriu a porta, não entrou,
e ele continuou cantando, em sua voz profunda, desafinado,
um tom verde-arroxeado de urze, denso e uniforme.
Não cantava para você, ou sobre você.
Tinha alguma outra fonte de alegria,
nada a ver com você em absoluto —
ele era um homem desconhecido, cantando na sala, sozinho.
Por que você se sentiu tão magoada, então, e tão curiosa,
e também feliz,
e também liberta?

EM BRUTE POINT

Os velhos descem a colina em câmera lenta.
Venta muito, e é uma colina
traiçoeira, de pedrinhas
e tornozelos torcidos.

Um deles leva um bastão, o outro não leva.
Suas roupas são bizarras,
embora pareçam práticas.

Um passo após o outro, eles seguem,
descendo a encosta erodida,
adejando como velas.
Querem chegar ao oceano,
e levam a tarefa a cabo.

(Seria possível sermos nós esses velhos,
já?
Certamente que não.
Não com esses chapéus.)

Pode ser que tenhamos estado aqui antes;
pelo menos parece familiar,
mas não nos atraem colinas como estas,
remotas, áridas, coisa antiga,
nada além de pedras.

Lá embaixo, junto à piscina que surge com a maré
há duas garrafas de plástico
uns poucos moluscos pequeninos.

Uma das pessoas urina num canto
fora do sol,
a outra, não.

Nesse ponto, outrora, talvez tivesse havido sexo
com as ondas batendo
como nos filmes.

Mas continuamos vestidos,
falamos sobre as pedras:
como ficou deste jeito, a mistura
de rocha ígnea e arenito?
Também há mica, veja aquele brilho.

Não é triste. É luminoso
e límpido.
Veja como subimos lépidos de novo,
uma garra depois da outra.

A PORTA

A porta se abre de repente,
você espia.
Está escuro lá dentro,
provavelmente aranhas:
nada que você queira.
Sente medo.
A porta se fecha de repente.

A lua cheia brilha,
está cheia de sumo delicioso;
você compra uma bolsa,
a dança é agradável.
A porta se abre
e se fecha tão rapidamente
que você não nota.

O sol aparece,
você come desjejuns velozes
com seu marido, que ainda é magro;
lava os pratos,
ama seus filhos,
lê um livro,
vai ao cinema.
Chove moderadamente.

A porta se abre de repente,
você espia:
por que isso acontece a toda hora, agora?

Há algum segredo?
A porta se fecha de repente.

A neve cai,
você limpa a calçada ofegante;
não é fácil como outrora.
Seus filhos às vezes telefonam.
O telhado precisa de conserto.
Você se mantém ocupada.
A primavera chega.

A porta se abre de repente:
está escuro lá dentro,
há muitos degraus levando para baixo.
Mas o que é aquele brilho?
É água?
A porta se fecha de repente.

O cachorro morreu.
Isso aconteceu antes.
Você arranjou outro;
dessa vez não, porém.
Onde está o seu marido?
Você desistiu do jardim.
Tornou-se trabalho demais.
À noite há cobertores;
ainda assim você fica desperta.

A porta se abre de repente:
Ó deus das dobradiças,
deus das longas viagens,

mantiveste tua palavra.
Está escuro aqui dentro.
Você se entrega à escuridão.
Entra.
A porta se fecha de repente.

Agradecimentos

Alguns destes poemas apareceram nas seguintes publicações:

"Blackie in Antarctica" (Blackie na Antártida): *Ontario Review* 48 (primavera/verão 1998).

"Mourning for cats" (De luto pelos gatos): *Poetry Ireland Review* (2005).

"Butterfly" (Borboleta): *The First Man in My Life: Daughters Write About Their Fathers.* Toronto: Penguin Canada, 2007.

"My mother dwindles…" (Minha mãe definha): *Sunday Times* (Reino Unido), janeiro, 2007.

"Crickets" (Grilos): *Landfall 201* (2001); CBC's "In the Works", 1999; *Ontario Review* 49 (outono/inverno 1998).

"The poet has come back…" (O poeta voltou): www.thewordlounge.com; Ali Smith, ed. *The Reader.* Londres: Constable & Robinson, 2006.

"Heart": *Landfall 201* (2001); *Ontario Review* 49 (outono/inverno 1998); *RSA Journal (Rivista di Studi Nord-Americani)* 8-9 (1997-1998).

"Sor Juana works in the garden" (Sóror Juana trabalha no jardim): *20th-Century Poetry and Poetics,* 5th ed., Toronto: Oxford University Press, 2006; traduzido e publicado em espanhol in *Anthology of Contemporary Poetry by Women*, American Studies Association of Italy, 1997; *Landfall 201* (2001); *Ontario Review* 48 (primavera/verão 1998); *RSA Journal (Rivista di Studi Nord-Americani)* 8-9 (1997-1998).

"Owl and Pussycat, some years later" (Coruja e gato, alguns anos mais tarde): *Pretext* 5 (maio, 2002); *Verandah* 12 (1997).

"The poets hang on" (Os poetas aguentam firme): *Poetry Ireland Review* (2005).

"A poor woman learns to write" (Uma mulher pobre aprende a escrever): *PEN America* 7 (2006).

"The singer of owls" (O cantor das corujas): Parliamentary Poet Laureate website, www.parl.gc.ca, agosto, 2006.

"Secrecy" (Sigilo): *New Yorker*, 28 de agosto de 2006.

"They give evidence" (Eles fornecem provas): *This Magazine*, novembro/dezembro, 2006; traduzido e publicado em letão *Karogs* (2007).

"Questioning the dead" (Interrogar os mortos): *Landfall 201* (2001); *Ontario Review* 48 (primavera/verão 1998); *RSA Journal (Rivista di Studi Nord-Americani)* 8-9 (1997-1998).

"The nature of Gothic" (A natureza do gótico): *Ontario Review* 48 (primavera/verão 1998); *RSA Journal (Rivista di Studi Nord-Americani)* 8-9 (1997-1998).

"Another visit to the Oracle" (Mais uma visita ao oráculo): *Exile* (primavera 2007).

"String tail" (Rabo de corda): *Poetry Ireland Review* (2005).

"Reindeer moss on granite" (Líquen das renas no granito): *Lichen and Reindeer Moss on Granite: A Broadside Poem*. Port Townsend, WA: Copper Canyon Press, 2000; traduzido e publicado em letão *Karogs* (2007).

Este livro foi impresso na Editora JPA Ltda.,
Av. Brasil, 10.600 — Rio de Janeiro — RJ,
para a Editora Rocco Ltda.